Georg Allmacher

Aruba bon bini

Georg Allmacher

Aruba bon bini

Re Di Roma-Verlag

Bibliografische Information der Deutschen
Nationalbibliothek:
Die Deutsche Nationalbibliothek
verzeichnet diese Publikation in der
Deutschen Nationalbibliografie; detaillierte
bibliografische Daten sind im Internet über
http://dnb.ddb.de abrufbar.

ISBN 978-3-86870-610-9

www.rediroma-verlag.de
14,95 Euro (D)

Einleitung / Vorwort

Den Entschluß, für Sie dieses Buch zu schreiben, faßte ich auf Aruba im Hotel. Zur Vorbereitung einer Aruba-Reise ist kein gedruckter Reiseführer in deutscher Sprache auf dem Markt neu verfügbar, lediglich antiquarisch erhältlich sind Titel aus den 90er Jahren, was nun nicht mehr unbedingt aktuell ist. Zudem sind diese Titel gebraucht unverhältnismäßig teuer. Also muß ein Reiseführer her. Viel hat sich geändert, Geschichte, Lage und Hauptsehenswürdigkeiten ändern sich zwar nicht wesentlich, aber die Erreichbarkeit, Öffnungszeiten und so weiter. Auf der Insel wird viel gebaut, nicht nur viele neue Hotels entstehen, auch die Stadterneuerung in Oranjestad und einige Straßenbauprojekte sind auf der Insel im Gang.

Aruba ist für deutsche Touristen ein noch eher exotisches Urlaubsziel. Daher sind Reisen auf diese Insel meist hochpreisig. Die kleinste der «Inseln unter dem Wind» ist den Reisepreis und auf jeden Fall auch den langen Flug bis kurz vor die Küste Südamerikas wert. Ein faszinierendes Eiland, vermutlich völlig anders als von Ihnen erwartet, heißt Sie: «**bon bini**», willkommen.

Georg Allmacher
52249 Eschweiler
Januar 2014

Buchung und Anreise

Da Aruba (wie lange noch?) zu den exotischen Zielen für deutsche Reisende zählt, finden sich auch keine darauf spezialisierten Reisebüros für Ihre Buchung. Selbst ausgesuchte Weltreisebüros, wie der «Explorer» in Köln, verkaufen Aruba nicht sehr oft und bieten keine Specials. Hier empfiehlt es sich, im Reisebüro Ihres Vertrauens mit der Fachkraft die Kataloge von zum Beispiel TUI und Meyers Weltreisen durchzugehen. Wer das Glück hat, nicht allzuweit von der niederländischen Grenze entfernt zu wohnen, dem lege ich den Besuch eines grenznahen niederländischen Reisebüros besonders ans Herz. Man wird Sie dort bestimmt sehr ausführlich und in deutscher Sprache beraten können, schließlich sind die ehemaligen karibischen Kolonien in den Niederlanden ein übliches Urlaubsziel, außerdem ist man auf deutsche Kundschaft gerichtet. Auch sind die Preise für Aruba-Reisen in den Niederlanden deutlich niedriger als vergleichbare Reisen, die in Deutschland gebucht werden. Und das, obwohl Sie unter Umständen bei einem niederländischen Tochterunternehmen eines großen deutschen Touristikkonzern buchen werden.

Bei Buchung der Reise in NL ist allerdings zu berücksichtigen, daß die Flüge dann immer ab Schiphol, dem Amsterdamer Flughafen, starten. Bei frühen Abflügen, plus Check-In Zeiten um 2–3 Stunden, sollte man ggf. über eine Nacht Hotelaufenthalt in Flughafennähe nachdenken. In Hoofddorp z.B., 10 Minuten und 25 € Taxi vom Flughafen entfernt, bekommt man etwas Akzeptables schon ab 60 € (Zimmerpreis). Die

Innenstadtlagen in Amsterdam sind deutlich teurer. Doch kann die Anreise am Vortag preiswerter sein als ein Anschlußflug aus Deutschland, streßfreier ist sie allemal. Die Abflüge Richtung niederländische Antillen starten zur Vermeidung von Jetlag ab AMS gewöhnlich am Vormittag, damit bei Flugzeiten zwischen 9 und 12 Stunden (oft gibt es eine Zwischenlandung in Sint Marteen, auf Curaçao oder Bonaire) das Ziel zum frühen Abend Ortszeit erreicht wird. Fluggesellschaften sind KLM (Linie mit etwas mehr Service) und der Ferienflieger Arkefly. Direktflüge mit deutschen Gesellschaften sind selten, und meistens werden diese dann über Curaçao abgewickelt. Der Zielflughafen ist der «Reina Beatrix Aeropuerto», der internationale Flughafen von Aruba. Er liegt an der Westküste, wenige Kilometer südlich der Hauptstadt Oranjestad, ca. 10 km von der Hotelzone entfernt.

Ich erwähnte bereits im Vorwort: Aruba ist bestimmt keine Niedrigpreiszone. Weder die Hotels noch beim Essen, Unterhaltung oder Sport. Das Preislevel ist in beinahe allen Artikeln höher als heimisches Niveau. Vor allem die täglichen Mahlzeiten schlagen im Budget richtig durch. Ein abendlicher Lunch ist bestimmt 20% teurer als in Deutschland und mit 35 US-$ plus den Getränken pro Person zu veranschlagen, die Cocktails in der Bar auch je ab 7 US-$. Meiner Erfahrung nach sind die all-inclusive-Angebote unbedingt eine Überlegung wert. Die Aufpreise bei der Buchung, je nach Kategorie Hotel, von 300-400 € wöchentlich gegenüber den Preisen für Übernachtung mit Frühstück und 100-200 € (auch pro Woche) Aufpreis auf Halbpension sind gut angelegtes Geld. Selbst bei ganztägiger

Abwesenheit aus dem Hotel, bei Ausflügen über die Insel zum Beispiel, rechnet sich das auf den ganzen Urlaub betrachtet. Wer mit einem dieser bunten Plastikarmbänder leben kann, die alle Hotels ihren AI-Gästen anlegen, kann viel Geld sparen. Und all-inclusive auf Aruba kann kaum mit Europa verglichen werden. Zumeist sind die Hotels luxuriöser, beim direkten Vergleich von Häusern mit 4 Sternen im südeuropäischen Raum mit 4 Sternen auf Aruba. Der amerikanische Einfluß ist spürbar, die dortigen Reisegewohnheit, nur wenige Tage, diese aber komfortabel zu verbringen, schlägt durch. Ein erheblicher Teil der Hotelbelegungen auf Aruba sind Amerikaner auf Hochzeitsreise.

Lage Arubas: Die Insel liegt ca. 20km vor der Küste von Venezuela in der südlichen Karibik.

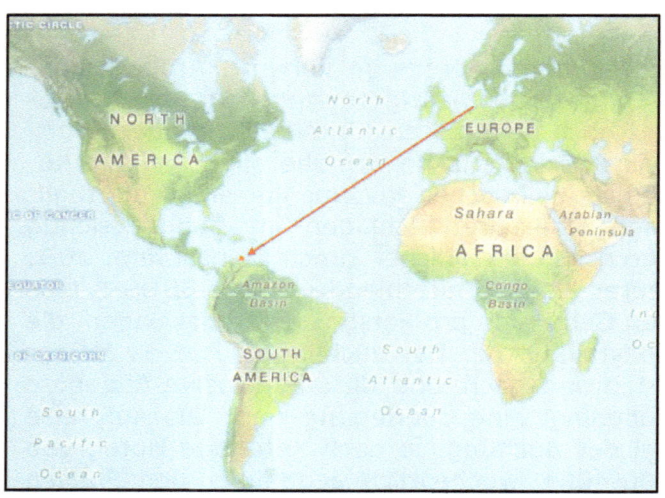

Lage auf Aruba: Die Urlauber wohnen ganz überwiegend an der Westküste, nördlich von Oranjestad, in den Hotelareas Palm Beach und Eagle Beach. Beide bieten feinste weiße Sandstrände mit kristallklarem Wasser. Palm Beach wird fast ausschließlich von Hotelgästen genutzt, Eagle Beach ist etwas öffentlicher und man muß zum Strand über die Straße, anders als am Palm Beach, dessen Hotels meist direkte Strandlage haben, also Zugang vom Hotel zum Sandstrand ohne trennende Straße.

Palm Beach wird auf den Karten auch als «high rise hotel area» bezeichnet. Hier sind die Hotels Hochhäuser amerikanischen Zuschnitts, die so auch in Las Vegas stehen könnten, bis 18 Stockwerke hoch, und alle mit Casino. Einige sind klotzige Bettenburgen aus Beton, das RIU Palace oder das Hyatt lockern die Bausubstanz etwas auf. Alle Hotels liegen am nördlichen Teil des «J. E. Irausquin Boulevard». Strände sind auf Aruba öffentlich, es darf also niemandem der Zugang verwehrt werden, aber die Hotels halten exklusiv für ihre Gäste Liegen und Sonnenschirme bereit. Deswegen sollte auf «direkte Strandlage» geachtet werden. Hotels in «zweiter Reihe» verfügen darüber meist nicht, und der Gast muß täglich zum Strand und zurück einen Fußweg auf sich nehmen. Ebensowenig genießen diese die Bequemlichkeiten der Strandbar.

Eagle Beach, «low rise area» genannt, baut niedriger und aufgelockerter, oft seperate Bungalows. Zu beachten ist: teilweise liegen die Häuser auf der anderen Seite der Uferstraße «J. E. Irausquin Boulevard», so daß oft zum Strand über die Straße gegangen werden muß. Dafür bieten diese Hotels in zweiter Reihe teilweise einen «Beach Shuttle» an, der ihre Gäste vom Hotel an den Strand und zurück fährt.

Der Transfer in die Unterkünfte in die Hotel-areas von «Palm Beach» oder «Eagle Beach» ist etwa gleich weit vom Flughafen und dauert auf der überschaubaren Insel nie lange, man rechne zwischen 30 und 45 Minuten, je nach Anzahl der Hotels, die der Bus auf seiner Route anfahren wird.

Auf Aruba treffen Sie im Hotel bei Verwendung oben genannter Tagesflüge so rechtzeitig zum Abend ein, daß nach Anmeldung und Zimmer-übergabe noch ein leichtes Abendessen einge-nommen werden kann und danach der lange Anreisetag mit einem Cocktail zu Ende gehen kann. Nach einer eventuell etwas längeren er-sten Nacht erwachen Sie in der neuen Zeitzone so ohne große Umstellschwierigkeiten und be-ginnen den Urlaub. Arubas Zeitzone ist Atlantic Standard Time (AST) – wie New York, also –6 Stunden zu Europa bei Sommerzeit, bzw. –5 Stunden zur Winterzeit.

Beispiel: 18:30 Uhr im Dezember in Oranjestad entspricht also 13:30 Uhr in deutscher Zeit.

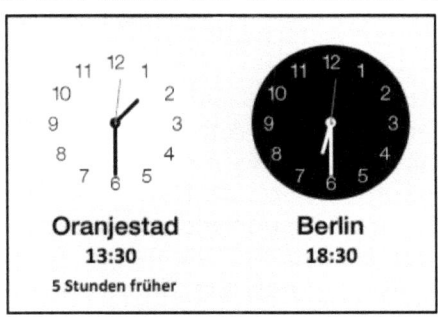

Charakteristika

Die drei Inseln unter dem Wind, 8.000km von uns in Deutschland entfernt, ABC-Inseln genannt, Aruba, Bonaire und Curaçao, sind sehr unterschiedlich. Ihre Wahl, Aruba, die kleinste der Inseln, 190 km² und von rund 100.000 Einwohnern bevölkert, ist sehr amerikanisiert in Touristik und Lebensweise. Bonaire, etwas größer (280 km²), ist die ruhige Insel ohne Hotelburgen, die sehr gerne von Tauchtouristen besucht wird. Curaçao die größte (470 km²) und die holländischste der drei zum Königreich der Niederlande gehörenden Inseln.

Geschichte: Aruba wurde 1499 von Spaniern entdeckt, sie nannten Aruba die «nutzlose Insel», da auf ihr kein Gold gefunden wurde, 1636 erwarben die Niederländer die Insel. Im 19. Jahrhundert wurde Aruba ausgerechnet durch einen Goldrausch wirtschaftlich interessant, ab 1925 spielte auch die Ölindustrie eine Rolle, diese wurde 2009 eingestellt. Im Süden zeigt die Gegend um San Nicolas noch deutliche Spuren davon. Dafür wurde in den letzten Jahrzehnten des 20. Jahrhundert der Tourismus zur Haupteinnahmequelle der Insel und verhalf zu einem weiteren Aufschwung.

Politik: Aruba trennte sich offiziell 1986 von den Niederländischen Antillen, zu denen u.a. auch Bonaire und Curaçao gehörten, und wurde zu einem autonomen Landesteil innerhalb des Königreichs der Niederlande (Status Aparte). Das Ziel der Bewegung um Betico Croes war vor allem, die eigenen Einkünfte auf der Insel zu halten und nicht die Nachbarinsel Curaçao mitfinanzieren zu müssen. Croes selber erlebte den Status Aparte tragischerweise nicht mehr, er starb an den Folgen eines Autounfalls, den er nach den Feiern der Unabhängigkeit erlitt. Seinen Namen trägt heute eine der Fußgängerzonen von Oranjestad. Die vollständige Unabhängigkeit von den Niederlanden wurden auf Bitte des Staates Aruba im Jahr 1990 dann aber eingefroren und wird derzeit nicht weiter verfolgt. Staatsoberhaupt ist König Willem Alexander der Niederlande.

Vom holländischen Erbe auf Aruba ist eher wenig zu sehen, meist nur in Oranjestad, der Hauptstadt der Insel. Die Giebelhäuser in oft kitschigen Farben zieren das Straßenbild. Dann sind Galerien und Edelkaufhäuser daraus geworden. Aruba ist nämlich ein gerne angefahrenes Ziel (nordamerikanischer) Kreuzfahrttouristen.

Auf diese Zielgruppe ist die Stadt ausgerichtet mit Boutiquen und Shops aller Edelmarken entlang der Uferstraße «L. G. Smith Boulevard» an der Paardenbaai. Das bestes Bespiel ist die «Renaissance Mall», in die auch ein Hotel integriert ist, wo man es sich sehr exklusiv auf einer Sonnenterasse mit Pool über der Hauptstraße mit exzellenter Aussicht über die Marina gut gehen lassen kann.

Das Klima auf Aruba ist tropisch/maritim mit nur minimalen saisonalen Unterschieden. Jahreszeiten sind nahezu unbekannt, die Durchschnittstemperatur liegt bei 27 °C im Jahresmittel. Im Januar liegt die Temperatur im Jahresmittel bei 26 °C, im Juli bei 29 °C. Über den Sommer hat es bis Oktober tagsüber meist um 32–34 °C, nachts sinkt das Thermometer auch nicht unter 25 °C. Der meiste durch den ständigen Ostwind mitgebrachte Regen fällt bereits über den südlichen Inseln der kleinen Antillen, weswegen das Klima auf Aruba sehr trocken ist. Der Jahresniederschlag beträgt nur etwa 500 mm. Die «Regenzeit» dauert von Oktober bis Dezember. Dabei gilt die Insel Aruba als Hurrikan-save durch ihre Lage außerhalb der Orkanzone. Aruba wird dabei dem üblichen Klischee von Karibik, weißem Sand, Palmen und Reggea nicht überall gerecht. In den Hotelareas an der Westküste, «Palm Beach» und «Eagle Bach», wird zwar feinster weißer Sand mit Palmenbestand am kristallklaren türkisen Meer geboten, doch von Natur aus kommen diese

 Palmen dort nicht vor! Die Insel ist durch den geringen Niederschlag sehr trocken, alles was nicht künstlich bewässert wird, wächst nicht, außer den allgegenwärtigen Kakteen – Sie werden die dünnen schwarzen Kunststoffschläuche zu den Gewächsen allerorts sehen. Auf Ihren Touren über die Insel wird es Ihnen, wenn Sie einmal keine direkte Sicht auf das Meer haben, vorkommen, als wären Sie zu Gast in Arizona oder New Mexiko.

Die rauhe Ostseite der Insel ist großteils Wüste. Dort liegen die natürlichen Sehenswürdigkeiten Arubas wie die «Natural Bridge», der «Natural Pool» oder der «Arikok Nationalpark». Sie erreichen diese mit einem Leihwagen (siehe Kapitel Inselrundfahrt) und manche sogar mit dem Linienbus. Dort draußen wachsen dann auch die nur hier heimischen «Divi-divi-Bäume», das zweite typische Wahrzeichen der Insel. Der beständige Ostwind, der Ost-Passat, zwingt diese Bäume dazu, in Windrichtung zu wachsen. Die Aloe Vera ist hier auch heimisch und wird als Mitbringsel zum Creme verarbeitet.

Nach der Flora zur Fauna. Die Tiere Arubas: Allgegenwärtig sind Leguane, in allen Größen auf jeder Wiese zu finden. Auch Geckos und Eidechsen bevölkern die Insel. Wilde Ziegen und Esel sind die größten freilebende Tiere. Nur hier auf Aruba lebt die arubanische Klapperschlange. Zum Glück für Touristen (und die Schlange selber) sind die Schlangen nicht nur scheu und wenig angriffslustig, sondern auch nicht häufig anzutreffen. Im Dreieck zwischen den Städten Jamanota, Fontain und San Nicolas ist sie heimisch. Wird

man von einer Schlange gebissen, muß sofort das nächste Krankenhaus aufgesucht werden, dort gibt es Antiserum. Wer sie sicher hinter Glas ansehen mag: im Besucherzentrum des Arikok-Nationalpark ist sie neben einigen anderen heimischen Spezies in Terrarien zu sehen.

Die Bevölkerung auf Aruba konzentriert sich auf die Westküste der Insel, wo die Hauptstadt Oranjestad, umgeben von den Orten Noord, Paradana und Santa Cruz liegt, und von dort aus die Südküste entlang mit den Orten Savaneta (bis zum Ende des 18. Jahrhunderts die Hauptstadt Arubas), San Nicolas mit der Ölraffinerie und Seroe Colorado, das mit und durch die Ausbeutung der Phosphatvorräte der Insel entstand.

Fahrt in die Hauptstadt Oranjestad

Davon ausgehend, daß Sie wahrscheinlich in den Hotelareas um Eagle Beach oder Palm Beach wohnen werden, beginnen wir dort. Die «Hotelarea» ist so auch auf dem Wegweisern an Arubas Straßen so beschrieben.

Oranjestad, Hauptstadt Arubas, liegt etwa in Mitte der Insel an der Westküste, wenige Kilometer südlich der Hotelarea. Mit den blauen Linienbussen von Arubus (www.arubus.com) ist man in ca. 20 Minuten am zentralen Bushof der Hauptstadt. 2013 kostete die einfache Strecke 2,30 $, die Busse ab Hotelarea verkehren häufig, alle 20 bis 30 Minuten. Vielfach halten an den Bushaltestellen (gelbe Schilder «Bushalte») zusätzlich auch private Transporte, 9-12 sitzige Kleinbusse, die zum gleichem Tarif fahren. Im zentralen Busbahnhof treffen sich alle Buslinien der Insel. Den Fahrplan gibt nur im Internet, an den Haltestellen sind keine Aushänge!

Oranjestad ist eine sehr übersichtliche Hauptstadt, in der rund 35.000 Einwohner leben und für deren Besichtigung beinahe ein Vormittag oder ein Nachmittag (ohne Museen) reicht. Am zentralen Busbahnhof nehmen wir den Ausgang durch die Mitte des Gebäudes, er ist offen zum «L. G. Smith Boulevard» der Uferstraße, der den Busbahnhof vom Kreuzfahrtterminal trennt, und wenden wir uns vom Busbahnhof aus kommend nach links in südliche Richtung. Hier liegen auf der linken Straßenseite die eher hochpreisigen Shopping-Malls wie die «Royal Plaza». Mehrere befinden sich in kitschigbunten, dem holländischen Erbe nachempfunde-

nen Gebäuden, die alles bereithalten, was der Tourist brauchen könnte. Rechts der Uferstraße, direkt am Wasser der Paardenbaai (des ehem. Pferdehafens), in den damaligen Stallungen, befinden sich viele kleine Marktstände mit ähnlichem Angebot. Auf dem nun rechterhand, gegenüber auf der anderen Straßenseite, sichtbaren ehemaligem Hafenareal entstand vor wenigen Jahren die neue Marina, das «Seaport Village», mit Wilhelmina Park, Renaissance Ocean Hotel, Casino und Geschäften. Ein Abstecher in das neue Viertel lohnt.

Auf unserer Straßenseite liegt die sehr luxuriöse «Renaissance Mall» mit allen Luxuslabeln: Hermes, Louis Vuitton oder Cartier. Weiter vorbei am Regierungsgebäude (an dem Leuchtsymbol «I love Aruba» auf dem Bürgersteig zu erkennen) und Parlament auf dem Uferboulevard, biegen Sie nach links in die «Oranjestraat» ein. Linkerhand residiert der nieder-

ländische Inselgouverneur, dem genau gegenüber liegt das «Fort Zoutman», vor dem Kanonen auf die ehemalige Bedeutung hinweisen, 1798 erbaut, sollte

19

es die Stadt schützen. Der «Koning Willem II Turm» wurde 1868 bei der Erweiterung erbaut. Seit 1983 ist nach Restaurierung dort das historische Museum von Aruba, das «Museo historico Arubano», untergebracht. Öffnungszeiten Werktags 9-16 Uhr. Von 1868 bis 1963 fungierte der Willem II Turm als Leuchtturm von Oranjestad.

Drei Querstraßen weiter sind Sie in der Hauptgeschäftsstraße «Caya G. F. Betico Croes». Hier sieht man den schon fertigen Teil der derzeit betriebenen Stadterneuerung von Oranjestad. Dazu gehört auch die solarbetriebene Straßen-

bahn, die über diese Fußgängerzone fährt, übrigens die erste Straßenbahn aller karibischen Inseln. Sie sieht nur historisch aus, sie ist aber Baujahr 2013. Die Tram befriedigt jedoch kein lokales Verkehrsbedürfnis, sondern befördert meist Kreuzfahrttouristen vom Anleger zum Geldausgeben zu den Geschäften oder nur zum Amüsement.

Schlendern Sie über diese nette Fußgängerzone, vorbei an etwas preiswerteren Läden als an der Waterfront, einfach den Gleisen folgend, zurück in Richtung zum Bushof (Centraale Overstaphalte). Auf der Ecke Emmastraat entstand kürzlich eine weitere Shopping-Mall, die «Plaza Daniel Leo», im Kolonialstil 2013 neu erbaut.

Es folgt die «Schepstraat», in der das Archäologische Museum von Aruba liegt. Sie erkennen es an dem weiß-blauen Holzboot, das auf dem Vorplatz liegt. Öffnungszeiten hier: Dienstag bis Freitag 10-17 Uhr, Samstag und Sonntag 10-14 Uhr, Montag geschlossen.

Hier haben Sie den touristisch interessanten Teil von Oranjestad gesehen. Weiter ins Inselinnere wohnt die einheimische Bevölkerung, arbeitet die Inselverwaltung, sind Schulen, die Universität von Aruba und liegt das Hauptpostamt der Insel in der Nummer 9 «Juan E. Irausquin Plein», geöffnet jeweils Mo-Fr 7:30 bis 12:00 Uhr und 13:00 bis 16:30 Uhr. Samstags ist geschlossen. Briefkästen sind selten auf der Insel. Vertrauen Sie Ihre Urlaubskarten doch am besten gleich dem Postkasten in der Lobby Ihres Hotels an.

Die Busse zurück zu den Hotels von Palm- und Eagle Beach tragen die Liniennummer 10, 10A und 10B. Alle Linien haben am zentralen Busbahnhof feste Abfahrtsbuchten. Die der Linien 10 ist die oberste Verkehrsinsel vor dem Markt. Hier läßt sich die Wartezeit auf den nächsten Bus vertreiben, es werden Erfrischungen angeboten und Souvenirs der auch eher nützlichen Kategorie: Kleidung und T-Shirts.

Auf der Rückfahrt in die Hotelarea fährt Sie der Bus zuerst in Fahrtrichtung links am Güterhafen und dem Containerterminal vorbei, dann wird ein Schwenk durch die Gewerbe- und Industriezone gemacht. Vor den Neubaugebieten der sich immer weiter ausdehnenden Urlaubszonen von Eagle Beach wird die Nord-Süd-Hauptstraße 1 der Insel wieder erreicht. Fahrtdauer insgesamt rund 25 Minuten. Den Fahrpreis möglichst passend in kleinen Münzen bezahlen. Die Fahrer wechseln (große) Scheine ungern, und das Wechselgeld wird dann gemischt in US-Dollar und Aruba Florin zurückgegeben.

Rundfahrt über die Insel

Für die Besichtigung der Insel empfehle ich einen Leihwagen. Die kleinen Vermieterbüros in den Einkaufszonen sind durchweg etwas günstiger als die Vermieter, die in der Hotellobby ihre Basis haben. Für ca. 50 $ kann man einen Klein-

wagen mit Klimaanlage, gut versichert und, den vielen amerikanischen Touristen geschuldet, ausschließlich mit Automatikgetriebe, mieten. Möchten Sie die wilde Ostseite Arubas komplett entdecken, müssen Sie zu einen Jeep mit 4-Rad-Antrieb greifen. Alternativ können Sie diesen Ausflug auch beim Reiseleiter buchen, wenn Ihnen Geländefahren nicht liegt. Kosten für einen Ganztagesausflug etwa 85 $ pro Person, Imbiß und Getränke enthalten. Sie fahren dann meist in Gruppen zu 8 oder 10 Personen auf der Ladefläche von 4 WD Lkw oder - etwas teurer - in 4er Gruppen im Jeep. Ich beschreibe hier für Sie eine Rundfahrt über die Insel für einen normalem Pkw ohne 4-Rad-Antrieb. Einige Ziele sind mit Arubus zu erreichen. Da die Busse in abgelegene Gebiete nur selten verkehren, empfehle ich den Leihwagen.

Wenn Sie selber fahren: Die Verkehrsregeln und -zeichen sind gleich denen in Europa. Eine wichtige Ausnahme gibt es bei der Vorfahrt. An T-Kreuzungen gilt **kein** rechts-vor-links, hier hat immer die durchgehende Straße Vorfahrt, die endende Straße, die zwangsweise abbiegen muß, ist immer wartepflichtig. Mit dieser Regel erspart sich Aruba sehr viele Verkehrszeichen.

Ebenso sparsam sind Wegweiser aufgestellt. Für die Navigation nach Karte (eine bekommen Sie vom Autovermieter) brauchen Sie dann wohl etwas Orientierungsvermögen. Die Hauptverkehrsstraßen haben Nummern, 1 bis 7, die Richtung zeigt ein kleines **a** (Süden) oder **b** (nach Norden) an.

Wir starten, wie beim Ausflug nach Oranjestad, in der Hotelarea. In unmittelbarer Nähe zu den Hotels von Palm Beach, sogar in fußläufiger Entfernung, befindet sich die «old dutch windmill», die alte holländische Windmühle. Sie liegt am nördlichen Ende des Vogelschutzgebietes zwischen Eagle und Palm Beach.

Eingerahmt von einer Hotelanlage und Kiosken wirkt sie da etwas verloren und zwischen den Palmen deplaziert. Auf der oberen Plattform wartet ein Café auf Gäste.

Wenige Minuten entfernt, südlicher Richtung an der Straße um das Vogelschutzgebiet «Bubaliplas» (von der Windmühle haben Sie eine gute Aussicht über das Gebiet), findet sich «Butterfly Farm», ein Schmetterlingspark, in dem viel Wissen über die Flattertiere vermittelt wird. Bei bunter Kleidung oder falls Sie Parfum tragen, fliegen die Schmetterlinge auf Sie.

Fahren Sie nach dem Besuch zurück auf die Hauptstraße 1b in Richtung Norden bis nach Malmok. Folgen Sie dort dem Wegweiser bis zum «California Lighthouse». Bis Arashi Beach fährt stündlich der Linienbus 10B, ab dort etwa 20 Minuten Fußweg bergauf.

Der 32 Meter hohe Leuchtturm ist leider nicht zu besteigen, bietet aber vom seinem Standort auf der Anhöhe einen schönen Überblick über die Nordhälfte der Insel. Der Name stammt nicht von dem US-Bundesstaat, sondern von einem Schiff, der HMS California, die auf dem Weg von Liverpool nach Südamerika dort gesunken ist.

Vom Leuchtturm auf der gleichen Straße wieder zurück bis Malmok, dort biegen Sie an der Kreuzung, wo Sie von der Hotelarea kommend eben zum California Lighthouse abfuhren, links auf die Straße 2a in Richtung «Noord» und «Golfplatz» ein. Fahren Sie bis kurz vor die Ampelkreuzung. Dort nach links in die Alto Vista Str. abbiegen zur Kapelle «Alto Vista». Im 18. Jahrhundert siedelte sich dort eine Gruppe Indianer an, die dank des «Pos di Noord», eines Brackwasserbrunnens, überlebten. Unter Leitung eines venezolanischen Geistlichen wurde eine kleine Kapelle gebaut, die nach Wegzug der

Bewohner um 1800 einstürzte. Alto Vista blieb immer ein mehr oder minder heiliger Platz. 1953 wurde eine neue Kirche geweiht. Mit einem 4WD Jeep könnten Sie an der Küste entlang weiterfahren, sonst müssen Sie von der Siedlung die einzige Straße zurück bis zur Hauptstraße, dort wieder nach links. Nach einer Zeit fahren Sie an Felsformationen vorbei, kurz dahinter erscheinen Wegweiser zur «Natural Bridge». Nun fahren Sie an Kakteen vorbei in die Wüste. Man wähnt sich beinahe in New Mexiko. Rechts der Straße können Sie die Straußenfarm «Aruba Ostrich Farm» besichtigen, eine Attraktion eher für Kinder, man kann aber auch Straußvogel essen. Der Park hat über Mittag geschlossen, der Eintritt beträgt 15 $ pro Person, für Kinder 50 %. Danach folgen Sie der Piste solange geradeaus, bis Sie links vom Weg die Ruinen der Goldschmelze von «Bushiribana» stehen. 1854 erbaut im arubanischen Goldrausch, wurde dort das Gold aus dem nahen Kristallberg geschmolzen. Weiter über die kakteengesäumte Sandpiste durch die Wüste. Es ergibt sich ab und zu Sicht und Zugang zu felsigen Meeresbuchten. Vorsicht! Sehr starke Strömung und hohe Wellen!

Nach weiteren 2 km kommen Sie zum Kiosk und Parkplatz an der Natural Bridge.
Die ursprüngliche Brücke, ein von ständigen Wellen

unterspülter Fels, stürzte im Jahr 2009 ein. Die Trümmer liegen noch an Ort und Stelle. Man streitet auf der Insel über die Ursache des Einsturzes. Diese Sehenswürdigkeit ist für Aruba so wichtig wie der Eiffelturm bei einer Paris-Reise. Die zweite, kleinere, noch erhaltene natürliche Brücke direkt daneben bietet auch eine nette Ansicht.

Mit Vierradantrieb können Sie der Küste weiter folgen, den Natural Pool bewundern, ein natürliches Schwimmbad mit Fischen und schönen Korallenformationen. Mit einem normalen Pkw müssen Sie umkehren bis zur Hauptstraße. Zuerst am Ort Pasadena vorbei, dann am «Hooiberg», mit seinen 160 m Höhe eine weithin sichtbare Landmarke. Zwar nicht der höchstem Berg der Insel, aber durch seine Lage alleine der auffallendste. Ein sehr schweißtreibender Aufstieg über eine steinerne Treppe ist möglich (562 Stufen und als Trimmstrecke sehr beliebt), sollte aber der Sonne wegen nur am späten Nachmittag in Angriff genommen werden (dann liegt die Treppe etwas im Schat-

ten) und bitte ausreichend Wasser und dazu Sonnen- schutz mit ins Wanderge- päck nehmen.

Nach dem Hooiberg kommt vor dem Ortsein- gang von Santa Cruz links die beschilderte Ab- biegung (Straße Nr. 7) zum Arikok National- park. Bevor Sie den Park erreichen, passieren Sie die Abzweigung zum «Donkey Sanctuary», einer Art Gnadenhof für Esel. Für Interessierte.

Die Straße 7 führt direkt zum Eingang des «Arikok Nationalpark» (geöffnet täglich 10-18 Uhr). Parken Sie, da Sie im Informationszen- trum Eintritt für den Park zahlen müssen. Pro Erwachsenen sind 10 $ fällig, Kinder sind frei, als Eintrittskarte bekommen Sie ein Armband umgelegt. Im Besucherzentrum wird über die Vergangenheit der Insel, die Flora und Fauna informiert. In Terrarien ist die u. a. die arubani- sche Klapperschlange zu betrachten. Wenn Sie nach der Besichtigung weiterfahren, müssen Sie bei Einfahrt in den Park an einer Eingangs- kontrolle die Armbänder vorzeigen. Ab hier wird die asphaltierte Piste, von der hier außerhalb der Parkbuchten nicht abgewichen werden darf, sehr abenteuerlich: In kurzen Abständen erwar- ten Sie nur mit Schrittgeschwindigkeit zu

passierende ausgemauerte Bachfurten. Das trägt auch dazu bei, daß Sie niemals in Verlegenheit kommen könnten, die im Park vorgeschriebene Höchstgeschwindigkeit von 20 km/h zu überschreiten. Sie fahren freiwillig langsamer. Nach ca. 40 dieser Furten steht links ein unscheinbarer Wegweiser zu «Dos Playa», einer wunderschönen, völlig einsamen Badebucht. Ein Geheimtip für ein erfrischendes Bad in tosender See, die hier im Gegensatz zur Westküste mit voller Kraft gegen die Insel brandet. Auch hier starke Strömung, Vorsicht!

Vom Parkplatz sind es nur wenige Stufen zum einsamen Traumstrand. Hinter einer Felsnase verbirgt sich ein zweiter schneeweißer Sandstrand.

29

Nach dem Bad zurück zur nördlichen Rundstraße (northern loop) und dieser weiter nach links

folgen bis zu dem Höhlen «Fontain Cave» , die wenige Meter rechts von der Straße auf Besucher warten und Einblick in die Felszeichnungen der Indianer bieten. Auf dem Parkplatz ist tagsüber eine Kraft vom Nationalpark für Auskünfte und Anleitung zum Besuch anwesend. Nach der Besichtigung der Höhlen fahren Sie die Rundstraße weiter bis Boca Prins. Ein weiterer, aber belebterer Bade- und Surfplatz. Neben der Straße wartet die gleichnamige Wüstenkneipe «Boca Prins» und bietet Erfrischungen und kleine Mahlzeiten. Eidechsen betteln am Tisch!

Folgen Sie nach einer Einkehr der Piste in Richtung «Guadirkir Cave». Obacht, hier kann man sich an der Gabelung leicht verfahren und gerät auf den «Southern Loop», den südlichen Rundweg (den hier zwei parallele Betonspuren bilden) und dann zurück zum Informationszentrum. Richtig fahren Sie hier links in Richtung der Windräder. Es folgen die Abzweigungen zu den Höhlen von «Huliba» und «Baranca Sunu», der „Tunnel of love» (der leider seit 2011 für Besucher geschlossen ist). Beim «Vader Piet Entrance» verlassen Sie den Park wieder. Folgen Sie der Straße bis zur Kreuzung mit dem Boulevard 1 in San Nicolas. Dort biegen Sie links ab in Richtung der alten Raffinerie (weithin sichtbar) und Seroe Colorado. Am Ortsausgang ein Schild: «Baby Beach», einer wundervollen karibischen Badestelle. Flach fällt der weiße Strand ins türkise Wasser, es dauert lange, bis man tiefer als bis zum Nabel im Wasser steht. Ein vorgelagertes Riff bricht die Wellen.

Baby Beach wird stündlich von einem Minibus der Linie 900 von Arubus ab der Busstation San Nicolas (bis hier von Oranjestad aus mit den Linien 1, 2 oder 3) bedient. Kioske und Erfrischungsstände warten auf Gäste. Eine traumhaft schöne Bucht, leider verstellt die alte Raffinerie im Blick etwas die Kulisse.

Auf dem Rückweg nach Oranjestad über die Uferstraße Boulevard Nr 1. passieren Sie zwischen Saveneta (die alte Hauptstadt) und dem Flughafen den «Santo Largo Beach» und «Palm Island». Speziell Palm Island ist einen Ganztagsbesuch wert. Pakete für einen halben oder ganzen Tag mit Essen und Trinken bietet Palm Tours inklusive Überfahrt mit dem Boot ab dem Anlegesteg «Spanische Lagune» an. Palm Tours hat auch Büros in den Hotellobbys der großen Häuser in der Hotelarea. Schnorcheln, Banana Boot und Kajak fahren, relaxen am Strand. Karibiktraum pur, zwar ein wenig künstlich, dieser Traum von Palmen und weißem Sand, aber diese Erlebnisse bringen Entspannung.

Auch die Vermittler am Strand, man kennt sie als Beach Boys, bieten in ihren Buden an den Piers und Ständen an den Stränden vor den großen Hotels die all-inclusive-Tagestour an. Preise ab etwa 60 $ (Halbtagstour) bis 150 $ für eine ganztätige Schnorcheltour. Auch der Reiseleiter Ihres Veranstalters bietet das beim Kennenlerncocktail an, mit seiner Provision als Zuschlag. Es gibt auch halb- oder ganztägige bewirtete Ausflüge mit dem Piratenschiff von Jolly Pirates die Küste entlang, zu den Tauchrevieren, um die Insel sowie abendliche Dinner- und Mondscheintouren auf dem Meer.

Reiseinfos

Beste Reisezeit:

Aruba eignet sich ganzjährig für einen Urlaub. Die Monate von Dezember bis April sind nicht ganz so heiß. Die Wassertemperaturen liegen ganzjährig bei angenehmen 26 bis 28 Grad.

Einreise und Zoll:

Zur Einreise benötigen Sie einen noch 6 Monate gültigen Reisepaß und Sie müssen im Besitz eines Rückflugtickets sein. Sie dürfen drei Monate auf der Insel bleiben, können Ihren Aufenthalt vor Ort auf maximal 6 Monate verlängern. Im Flugzeug wird vor der Landung ein Einreiseformular ausgeteilt, das ausgefüllt bei der Einreise abgegeben werden muß. Einen Teil davon bekommen Sie zurück und müssen ihn dann bei der Ausreise wieder vorlegen.

Geld:

Auf Aruba ist der Aruba Florin (Afl) im Umlauf. Dieser ist mit festem Wechselkurs an den US-Dollar gekoppelt. 1 US-\$ = 1,78 Afl. Überall auf der Insel wird der US-Dollar uneingeschränkt angenommen und fast immer annähernd korrekt (1:1,75) umgerechnet. Deswegen gebe ich in diesem Buch die Geldbeträge in US-\$ an. Oft gibt es bei Zahlung mit Dollar das Rückgeld in

 US-\$-Scheinen und die Münzen in arubanischer Wärung. Dabei kann man auch ein sehr besonderes Souvenir finden: die arubanische 50-Cent-Münze ist quadratisch.

Geldautomaten, ATM, automatic teller machines genannt, gibt es reichlich auf der Insel, auch in Hotelnähe. EC-Karten (mit Maestro Symbol) werden ebenso akzeptiert wie die Kreditkarten. In 2013 waren die Maestro-Gebühren geringer als die der Kreditkarten. Wahlweise zahlen die Automaten US-$ oder Afl aus.

Sprache:

Offizielle Landessprachen sind Papiamento und Niederländisch. De facto ist die Touristensprache englisch, vielfach wird auch spanisch verstanden. Mit Deutsch kommt man auf Aruba nicht weit.

Zeitzone:

Atlantik Standard Time (AST), keine Sommerzeit. Unterschied zu Europa −5 Stunden, wenn daheim Sommerzeit ist: −6 Stunden. Beispiel: 18 Uhr in Berlin im Sommer = 12 Uhr auf Aruba.

Telefon, Handy und Post:

Notrufnummer für Ambulance, Feuerwehr und Polizei: **911**
Die überschaubar große Insel kennt kaum Funklöcher in der Netzversorgung. Das Netz von Setar ist fast immer verfügbar. Vorwahl für Deutschland 00 49, dann Ortsvorwahl ohne die führende 0. Beispiel für Köln: 0049 221 .....
Gespräche nach Europa und Datenübertragung können recht teuer werden, 1 Minute Handy schon einmal knapp 5 €. Auch die Zimmertelefon sind nicht eben preiswert. Zum Glück bieten fast alle Hotels ihren Gästen gratis WLAN an, was dann preiswerteren Kontakt mit den

Daheimgebliebenen ermöglicht, wenn man iPad oder sonstige tragbare Geräte mitbringt.

Post von Aruba nach Deutschland ist gerne mal einen Monat unterwegs. Die Preise für eine Postkarte mit umgerechnet einem €uro sind günstig, wenn man die Entfernung betrachtet. Aber auch hier ist eine eMail mit Bildanhang eine schnellere und preisgünstigere Lösung.

Arzt und Krankenhaus:

Das vermittelt das Hotel. Die Ärztezone liegt etwa auf halbem Weg von den Hotelareas nach Oranjestad. Die Buslinie 10B fährt hindurch. Das Hospital liegt nördlich am Ende von Eagle Beach, Telefon: 587 4000 und 4300. Allerdings stellt der Arzt eine private Rechnung aus, die zu Hause eingereicht werden kann. Eine selbst abgeschlossene Reisekrankenversicherung enthebt für wenige Euro das ganze Jahr von diesbezüglichen Sorgen.

Beim Thema Gesundheit möchte ich auch dringend auf den ausreichenden Sonnenschutz hinweisen. Die europäische Haut verbrennt hier in der Karibik sehr schnell, besonders an den ersten Tagen. Schon 10 min ohne Sonnenschutz reichen für den ersten deftigen Sonnenbrand, der den Urlaub ein paar Tage verdirbt und, weil sich die Haut dann schält, keine Urlaubsbräune mit nach Hause bringen läßt. Den Sonnenschutz aus Deutschland mitzubringen lohnt, er ist auf Aruba 4 mal so teuer!

Ungeziefer ist vor allem in der Regenzeit ein Thema, ein auf «DEET» basierendes Abwehrmittel hilft am besten. Auch ein Anti-Juckmittel sollte dann ins Reisegepäck. Impfungen sind nicht erforderlich.

Sport:

An den Stränden von Eagle und vor allem Palm

Beach wird an den Piers und Verkaufsstationen jede Art von Wassersport angeboten bzw. vermittelt: Tauchen mit und ohne Vermittlung von Zubehör, Exkursionen zu den schönsten Tauchgründen, Segeltouren, Wasserski oder Parasol. Es lohnt, vielleicht mehr als ein Angebot für die gewünschte Aktivität einzuholen, die Preise sind durchaus verhandelbar. Man achte auch auf den Wind, der beispielsweise einen Parasolflug durchschütteln kann.

Essen:

In den allermeisten Fällen wird Ihnen mit der Reise all-inclusive-Verpflegung verkauft worden sein. Die Hotelküchen sind auf amerikanischen Geschmack eingerichtet.

Sollte Ihnen nach arubaischer Küche der Sinn stehen, gibt es leider nicht viele Möglichkeiten auf der Insel. Die Restaurants in der Hotelareas bieten Steakhouses und Cocktaillounges an, manchmal auch italienische und asiatische Kü-che. Die Amerikanisierung geht hier soweit, daß valet-parking üblicher Service ist.

In in der Fußgängerzone Caya Betico Croes 100 in Oranjestad findet sich das «Coco Plum», eine von Häusern eingerahmte Strandhütte, die hier lokale Spezialitäten frisch zubereitet. Selbst Leguansuppe, eine sehr antillianische Spezialität, steht tageweise auf der Karte.

Trinkwasser:

Aruba ist mit Recht stolz auf sein Leitungswasser. Die Wasserversorgung zählt zu den besten der Welt, das Leitungswasser kann bedenkenlos getrunken werden. Das Wasser stammt aus dem Meer und wird im Umkehr-Osmose-Verfahren entsalzt. Es ist äußerst sauber und schmeckt gut. Trotzdem wird man Ihnen meist täglich flaschenweise abgepacktes Trinkwasser im Hotel auf das Zimmer stellen.

Auto und Verkehr:

Rechtsverkehr mit den gleichen Verkehrszeichen und Regeln wie zu Hause, mit einer wichtigen Ausnahme: an T-Kreuzungen gilt **nicht** rechts-vor-links, vielmehr hat immer die durchgehende Straße Vorfahrt. Die endende Straße, die abbiegen muß, ist immer wartepflichtig. Höchstgeschwindigkeit innerorts 40 km/h, außerorts 60 km/h. Ampeln sind, abgesehen von Oranjestad, nicht sehr häufig. Autovermietung einfach und zuverlässig. Der Straßenzustand auf den Hauptstraßen ist gut, Nebenstraßen sind oft eng, schlecht ausgebaut und unübersichtlich. In Richtung Ostküste werden die Nebenstraßen zu (Sand-)Pisten. Bei den recht seltenen Niederschlägen ist besondere Vorsicht geboten, der Straßenstaub ergibt dann einen spiegelglatten Schmierfilm. Ein internationaler Führerschein wird von Touristen bei der Anmietung nicht verlangt, aber die Hinterlegung einer Sicherheit, was mit Kreditkarte erledigt werden kann; es wird eine 300-$-Genehmigung erfragt und bei Rückgabe dem Kunden zurückgegeben. An Tankstellen muß **vor** dem Tanken bezahlt werden. Man kauft eine Menge Benzin, beispielsweise 20 Liter, zahlt diese vorher bei der

Bedienung, die dann tankt. Bei Selbsttanken wird erst nach Vorkasse die Zapfsäule freigegeben. Bei Zahlung mit Kreditkarte muß diese, wenn man diese Zahlung überhaupt akzeptiert, vor dem Tanken an der Kasse hinterlegt werden, manchmal zusammen mit dem Ausweis.
Im Falle eines Unfalls mit dem Leihwagen immer die Polizei rufen und das Fahrzeug nicht mehr bewegen, das verlangt der Verleiher so.

Kriminalität:

Obwohl in (niederländischen) Zeitungen hin und wieder der Eindruck erweckt wird, Aruba sei ein Räubernest, ist dem nicht so. Die Insel ist sicher, am Tag am Strand und auch abends beim Ausgehen braucht niemand in der Angst zu leben, sich Räubern erwehren zu müssen. Das sagt auch die offizielle Kriminalitätsstatistik. Autos natürlich abschließen, «Beute» aus dem Wagen nehmen und nicht sorglos mit großen Geldbeträgen durch die Gegend laufen. Das Hotel, meist sogar Ihr Zimmer, hat dafür einen Safe. Dahinein gehören auch während Ihres Aufenthalts Ihre Personaldokumente, Handys und die Rückreiseunterlagen.

Netzspannung:

110 V, 60 Hz; ein Adapterstecker ist notwendig. Manche europäischen Geräte mit älteren Trafosteckernetzteilen arbeiten nicht korrekt. Besser vor Abreise in der Betriebsanleitung nachlesen.

Touristeninformation:

in Oranjestad, L. G. Smith Boulevard 172, Telefon 582 3777 und www.aruba.com

Flughafen:
Reina Beatrix International Airport, Telefon
5 24 24 24. Mit dem Taxi von der Hotelzone 25
min für 25 $. Zwischen den drei Inseln Aruba,
Bonaire und Curaçao ist Reisen nur per Flugzeug möglich. Nach der Pleite von dae (dutch
antilles express) 2013 fliegen noch:

- Tiara Air: www.tiara-air.com
        Tel 588 4272
- Insel Air: www.fly-inselair.com
        Tel 588 2663

Zur Rückreise nach Europa:

- KLM: www.klm.com
        Tel 588 3546
- Arke Fly: www.arkefly.nl
        über den Reiseleiter erreichbar

weiterführende Informationen:
Alle Links dieses Buches online unter
- **www.aruba-bon-bini.de**
  Anmeldekennwort: **bonbini**

Im Internet unter:
- www.aruba.com
  (die offizielle Homepage der Insel, englisch)
- www.aruba.de
- www.visitaruba.com

für iPhone / iPad / Handy / Tablet:
- Apple App-Store: - VisitAruba
                  - Aruba Island Guide
- Google Play: - VisitAruba
                  - Aruba Travel Guide

Ortsregister

(Bildseiten in Fettschrift)

Alto Vista	25, 26
Arashi Beach	25
Arikok Nationalpark	28,
Aruba Ostrich Farm	26
Arubus (*Busgesellschaft*)	17, 22, 32
Baby Beach	**31**
Baranca Sunu	31
Boca Prins	**30**
Bubaliplas	24
Bushiribana Goldminen	26
Butterfly Farm	24
California Lighthouse	**25**
Donkey Sanctuary	28
Dos Playa	**29**
Eagle Beach	**10**, 22
Flughafen / Aeropuerto	7, 32, 39
Fontain Cave	**30**
Guadirkir Cave	31
Hooiberg	27, **28**
Huliba	31
Malmok	25
Natural Bridge	26, **27**
Natural Pool	27
Noord	25
Oranjestad	**17** ff, 36
Old Dutch Windmill	**24**
Palm Beach	9, 22,
Palm Island	32
Pasadena	27
San Nicolas	31, 32
Santo Largo Beach	32
Saveneta	32
Seroe Colorado	31, 32
Vader Piet Entrance	31

Impressum
1. Auflage 2014

Autor

Georg Allmacher, 52249 Eschweiler

Bilder

© Georg Allmacher, Eigenaufnahmen 2013
© Karten: OpenStreetMaps

Verlag

ISBN: 978-3-86870-610-9
Erstauflage: 2014
im Re-Di-Roma-Verlag Remscheid

weiterführende Informationen:

Zu diesem Buch ist eine Homepage des Autor online, auf der Sie als Käufers dieses Buches das Buch als PDF auf ihr iPad oder Tablet herunterladen können.

www.aruba-bon-bini.de
Anmeldekennwort: **bonbini**

oder den QR-Code scannen

Ihr Reisetagebuch

_____

_____

_____

_____

_____

_____

_____

_____

_____

_____

_____